CAISSES RURALES

DE

RETENUES MUTUELLES

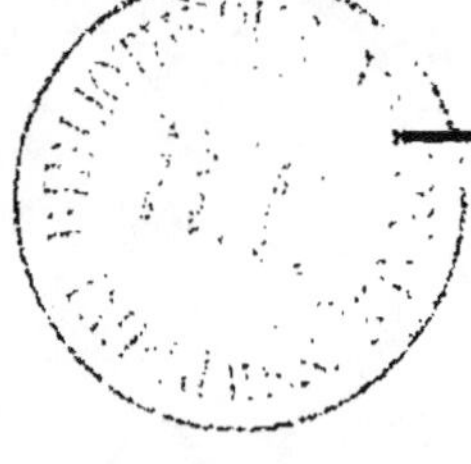

PROJET

PRÉSENTÉ A L'ASSEMBLÉE NATIONALE

PAR

**MM. ANATOLE DE PUYSÉGUR
ET E. B. DE GAUCOURT.**

SEPTEMBRE 1849.

CAISSES RURALES

DE

RETENUES MUTUELLES.

--------—o•o-------

> « Les citoyens..... doivent s'assurer, par le
> « travail, des moyens d'existence, et, par la
> « prévoyance, des ressources pour l'avenir ;
> « ils doivent concourir au bien-être commun,
> « en s'entr'aidant fraternellement les uns les
> « autres. »
>
> (Constitution, § VII.)

Les projets d'assistance publique sont nombreux, et aucun d'eux ne semble se préoccuper des habitants de la campagne. Il faut reconnaître cependant que ces citoyens ne sont pas les moins intéressants ; en effet, l'ouvrier des campagnes est employé aux travaux les plus rudes et les moins rétribués. Il y a trente ans bientôt que les jeunes paysans quittent le hameau avec l'espoir de rencontrer un accroissement de salaires dans les métiers ou dans les fabriques des villes. Arrivé dans nos cités, le campagnard veut goûter des jouissances nouvelles : il les obtient tant que le travail est abondant ; mais que la déconfiture du patron se déclare, que l'horizon politique se rembrunisse, que des paniques viennent paralyser le commerce, aussitôt l'ouvrier du fabricant sacrifie ses économies, se décourage, s'irrite et va peupler l'émeute. Ainsi toute une classe de gens devient hostile à la société parce que, dès son entrée dans la carrière, elle a voulu se créer un revenu plus considérable, il est vrai, mais soumis à mille chances fâcheuses, à toutes les éventualités que laissent peser sur elle la mode, la concurrence commerciale, les jeux de bourse et les hasards politiques.

L'ouvrier vivant du travail des champs, étranger à l'émeute, connaît la pauvreté, il la supporte, mais il ignore la misère. Aujourd'hui, en présence des bénéfices singuliers faits, depuis trente ans, par l'industrie manufacturière, le campagnard se dégoûte de la terre ; il faut l'y rattacher : secourir sa vieillesse est notre premier but. Ensuite il faut unir entre eux les habitants des communes rurales par un intérêt commun rattaché aux intérêts généraux du pays.

Nous ne prétendons pas changer immédiatement le sort des travailleurs, nous indiquons seulement un moyen d'arriver à l'améliorer par degrés. L'amélioration sera évidente pour les jeunes gens qui ont devant eux une longue perspective, et nous nous en rapportons aux comités de l'Assemblée nationale pour développer une pensée qui contient le germe de la sécurité des ouvriers de nos communes rurales.

§. I Exposé.

Il s'agit de créer des *Caisses rurales de retenues mutuelles* où le campagnard versera son épargne. Cette caisse sera spéciale et sous la surveillance du *Conseil municipal*, représentant né de toutes les familles d'une commune. Ce conseil de gérance délibérera chaque année *en dernier ressort* sur le placement des collectes, dont la propriété *appartiendra à la communauté des souscripteurs associés*. La répartition des intérêts sera faite par le conseil de gérance au profit des associés *hors d'état de travailler*. Les *fonds* recueillis seront *placés*, soit en rentes sur l'État, soit en défrichements, soit en acquisitions d'immeubles, soit en hypothèques. En aucun cas, les agents de l'État ne pourraient avoir d'action sur l'administration des caisses rurales. La *correspondance* pour les mouvements de fonds s'opérerait entre les conseils de gérance et les receveurs généraux par l'entremise du percepteur. Les *titres de dotations* des caisses rurales seraient délivrés au nom « de l'association des « habitants de la commune de..... pour leur *caisse* « *rurale des retenues.* »

§ II. Motifs.

Caisse rurale. Ces mots indiquent le caractère de l'association et distinguent cette caisse de la caisse municipale, qui ne doit jamais être confondue avec elle, car la première est une entreprise privée.

Le Conseil municipal est bien plus dans les campagnes que dans les villes l'organe sincère des habitants, car tous s'y connaissent, savent l'étendue des facultés de leurs voisins et apprécient leurs misères et leurs ressources. Toutefois, nous pensons qu'il sera utile d'adjoindre au Conseil un certain nombre de souscripteurs annuellement tirés au sort. On pourrait en prendre un nombre égal à la moitié de celui des conseillers.

En dernier ressort. Cette obligation de faire juger le conseil en dernier ressort, sans approbation des préfets, nous paraît ici de droit strict; car il s'agit d'intérêts privés d'une part, et, de l'autre, de dégager entièrement la responsabilité de l'administration publique. Et d'ailleurs, on comprendra que, si la centralisation réduite dans une certaine limite peut être une chose utile, elle serait une sorte d'inquisition et de despotisme dans un système libre et de charité.

Les intérêts appartiennent à la communauté. On conçoit, en effet, que, pour de très-faibles retenues, on ne pourrait ouvrir au Trésor ou ailleurs des cotes innombrables, ni calculer des répartitions annuelles très-faibles. Ce serait d'ailleurs dessaisir la communauté de sa propre surveillance. En second lieu, le conseil de l'association placé dans la localité appréciera beaucoup mieux l'avantage de tel ou tel mode de répartition.

Tous les jours il arrive qu'une personne charitable voudrait consacrer une somme importante à l'amélioration du sort des habitants pauvres de la commune qu'elle habite ; elle est arrêtée par les dépenses considérables auxquelles l'entraînerait la fondation d'un établissement, ou par la difficulté d'assurer à son œuvre une gestion perpétuelle, mais indépendante. Avec les caisses rurales, cette personne pourra plus aisément consacrer fréquemment de petites sommes à l'exécution de sa pensée, et l'existence de l'œuvre sera même une occasion de provoquer ces offrandes.

Hors d'état de travailler. Ainsi, nous ne comprenons pas que les vieillards arrivés à soixante ans soient seuls admis à la pension de retraite. On devra l'appliquer à tout homme que ses blessures ou ses infirmités précoces auraient privé des moyens de gagner sa vie. Nul mieux que le Conseil n'est à même d'apprécier ces besoins.

Le placement des fonds. Tous les ans le Conseil devra faire emploi de la souscription de l'année, afin qu'elle puisse porter intérêt le plus tôt possible ; mais il doit être le seul juge de ce placement. C'est à lui de fixer celui qu'il croit le plus profitable à l'association. Il peut vendre et acheter, faire enfin tous les actes d'un bon père de famille.

La correspondance. Pour éviter les frais et les chances de perte, les associations doivent avoir un mandataire pour commissionner leurs demandes. Or, les receveurs généraux et les percepteurs investis de la confiance du gouvernement présentent des garanties suffisantes, et d'ailleurs leurs rapports fréquents avec les communes les mettent naturellement dans la position de se rendre utiles aux caisses de retraites.

Le titre de la dotation étant rattaché au nom de chaque caisse rurale, on obtiendra pour résultat de lier intimement le souscripteur et sa famille à la communauté et celle-ci à la commune, ce qui évitera ces transmigrations fréquentes de paysans d'un canton dans un autre. Afin de parer à l'inconvénient qu'il y aurait à pensionner des émigrants restés longtemps hors de la commune, il serait juste de ne les admettre à rentrer dans la communauté qu'à la condition d'une souscription nouvelle, qui remplaçât en partie celle qu'ils auraient versée pendant le temps de leur absence. Au contraire, la souscription de deux frères pourra être moindre que celle de deux personnes étrangères l'une à l'autre. Il y aura dans les détails d'application des mesures nombreuses à indiquer pour éviter les abus et les doubles emplois, comme pour attirer à la communauté des souscripteurs plus nombreux et des familles entières.

§ III. APPLICATION.

L'ouvrier des campagnes reçoit en moyenne, pour prix de son travail, 1 fr. par jour. En consentant à l'abandon du 20ᵉ ou 30 cent., par exemple, chaque semaine, il aurait versé à la fin de l'année 15 fr. 60 c. En opérant le même versement pendant dix années et en capitalisant les intérêts, on obtiendrait au bout de dix ans 194 fr. 80 c. Ainsi, l'ouvrier qui commencerait ses versements en débutant dans le travail, c'est-à-dire à seize ans, et qui les continuerait jusqu'à soixante ans, aurait versé pour les dix premières années, avec les intérêts capitalisés. .   . 195 fr.

Et pour les trente-cinq autres années.   546
____

En tout, la somme de.   .   .   .   . 741 fr.

Qui produira un intérêt annuel de. . 37 fr.

Certes cette somme est insuffisante pour assurer des moyens d'existence à un seul homme; mais il faut observer que le nombre moyen des hommes de 15 à 60 ans étant à celui des hommes au-dessus de soixante ans :: 5 : 1, il en résultera que le produit des intérêts de cinq souscriptions d'associés montant à 185 fr. de rente, servira à faire vivre un seul vieillard, en lui attribuant près de 50 centimes par jour, ce qui, dans la plupart des communes rurales, sera une somme tout à fait suffisante.

Il ne faut pas penser que les hommes arrivés à l'âge de cinquante ans seraient aujourd'hui disposés à entrer dans l'association, malgré l'avantage qu'ils y trouveraient. Ils ne voudront pas comprendre ce système de retenue et en courir les chances, ou ils les trouveront trop faibles. Et cependant la somme qu'ils recevraient serait déjà un grand adoucissement pour eux et leurs familles. En effet, dix ans après, chaque vieillard recevrait 49 fr. qui s'augmenteraient annuellement de 3 fr. 60 c. pour chacun, par suite du produit des intérêts des autres souscriptions annuelles dont, dès à présent, les intérêts ne seraient plus capitalisés (1).

En admettant que le quart seulement des travailleurs sentît la nécessité de s'associer à la caisse des retenues, il y aurait, dans une commune rurale, 75 souscripteurs versant ensemble 1,170 francs par an, ce qui, au bout de dix ans, élèverait le capital à 14,718 fr., produisant 735 fr. d'intérêts annuels propres à secourir 15 vieillards ; après trente-cinq autres années, c'est-à-dire le jour où le plus ancien souscripteur aurait atteint sa soixantième année, le chiffre de la caisse des retenues s'élèverait à 55,318 f., produisant 2,765 f. ou 0,50 par chacun des 15 vieillards. — Pour les 38,000 communes de France, la rente annuelle inscrite au grand-livre de la dette publique atteindrait à peine 105 millions, c'est-à-dire près du tiers de toute la dette actuelle. On pourra d'ailleurs, dans la commune, calculer quelle est la pension nécessaire à l'entretien d'un vieillard, et la modérer ou l'étendre selon les ressources de l'association et selon le nombre des ayants droit. Si même on venait à reconnaître que le capital nécessaire au service des pensions serait atteint dans un laps de temps plus court que 45 ans, on devrait diminuer progressivement le chiffre des retenues et les appliquer concurremment à compléter,

(1) La France compte 35,401,000 habitants, dont 5,160,000 résident dans les villes chefs-lieux d'arrondissement, et 1,700,000 dans divers chefs-lieux de cantons. Il y a donc 28,500,000 habitants des campagnes, dont un tiers environ vit de son revenu ou de son commerce. Sur les 19,000,000 restant, il doit y avoir (d'après les tables de Deparcieux) 5,400,000 enfants et 2,248,000 vieillards. En conséquence, les adultes de 16 à 60 ans, et pouvant travailler, s'élèveraient au nombre de 11,352,000, dont 5,998,000 hommes et 5,354,000 femmes. Ce qui présente en moyenne pour chacune des 38,000 communes rurales de 750 habitants, après toutes défalcations de personnes aisées et d'enfants, un nombre de 59 vieillards et de 298 adultes, tant hommes que femmes.

avec les intérêts de la caisse, le service des pensions ; mais la condition des retenues devra subsister, d'abord afin de perpétuer l'association, et ensuite afin de mettre toujours le chiffre des pensions en rapport avec les besoins, car la valeur du numéraire s'abaisse continuellement. Le prix moyen de l'hectolitre de froment servira naturellement de base à cette appréciation. — Ce ne sera pas une légère entrave au succès de la fondation des associations de retenues, que la présence des hommes de plus de cinquante ans qui verront les caisses s'ouvrir sans espoir d'en profiter. Leurs enfants eux-mêmes hésiteront à y placer, en voyant leur père privé des chances de secours que, plus jeune, il aurait pu atteindre. Alors, le propriétaire aisé qui aura employé le vieillard pourra s'imposer quelques sacrifices, soit en faveur du vieil ouvrier, soit en faveur de la caisse, afin de parer au découragement qui sans doute atteindrait quelques familles et les empêcherait de s'associer à l'œuvre. Dans les règlements, on devra présenter aux familles un moyen de les attacher à l'institution, lorsqu'un ou plusieurs de ses membres y auront été associés, sans cependant que la faveur qui leur serait faite puisse imposer à la caisse des obligations ruineuses.

§. IV. Comparaison avec les caisses d'épargne.

Les caisses rurales de retenues ont peu de rapport avec les caisses d'épargne instituées depuis vingt-cinq ans.

Celui qui dépose à la caisse d'épargne, place pour lui seul et opère les retraits à son gré. Le capital amassé n'est perdu ni pour lui ni pour ses héritiers jusqu'au jour du retrait. Notre caisse des retenues, au contraire, reçoit des sommes qui ne restent plus la propriété exclusive du déposant, mais qui deviennent la propriété d'une communauté dont il est toujours membre ; et les produits peuvent tourner perpétuellement au profit de l'associé et de sa famille.

De la caisse d'épargne, on reçoit un intérêt annuel comme chez un banquier ; de la caisse des retenues, on ne recevra d'intérêts qu'à une époque déterminée ou lorsque l'associé ne pourra plus travailler.

L'ouvrier, qui pendant longtemps a fait des dépôts à la caisse d'épargne, a la faculté de les retirer pour satisfaire à un besoin urgent ou à un caprice, et il peut voir disparaître, en un jour, le fruit de longues économies. Notre caisse, au contraire, arrive au secours du travailleur au moment où il va se trouver sans ressources. Qu'on se garde de voir dans ces paroles une critique de l'indispensable institution des caisses d'épargne : les caisses de retenues en seront le complément. Dans les campagnes surtout, celles-ci auront l'avantage immense de remplacer les bureaux de bienfaisance, les hospices et les refuges contre la mendicité, dont les villes profitent seules. De plus, elles attacheront les sociétaires les uns aux autres par un lien de confraternité fort éloigné du socialisme ; elles laisseront l'homme à toute sa dignité, secouru par lui-même, sur le sol qui l'a vu naître, au milieu des compagnons avec qui il a travaillé.

La caisse d'épargne peut porter à des désirs de fortune et à l'individualisme ; leur gestion est coûteuse, leur administration dépend plus ou moins du pouvoir central, et les pauvres ouvriers s'aperçoivent peu des bienfaits qu'elles peuvent répandre. Les caisses de retenues, au contraire, fonctionnent en faveur de tous les déposants, associés mutuels. Au bout de dix années elles peuvent déjà offrir des résultats patents sous les yeux mêmes de ceux qui auront concouru à les alimenter ; elles seront indépendantes, et leur administration sera gratuite.

Jusqu'à ce jour, les campagnes ont fait peu d'usage des caisses d'épargne, parce que leurs siéges sont trop éloignés d'elles. Leur administration est inconnue du paysan qui aime à voir ce que devient l'argent qu'il économise, et qui d'ailleurs comprend fort peu les comptes de banque. L'égoïsme, ce caractère de notre siècle, l'amour de l'argent que le gouvernement de Louis-Philippe a laissé s'infiltrer dans la population aisée, ont détourné les caisses d'épargne de leur but. Dans certaines villes, elles n'ont guère servi à l'ouvrier; la plupart des dépôts y ont été apportés par des rentiers économes qui regardent ces caisses comme une banque ou comme un coffre-fort.

Les ouvriers et les gens à gages, pour qui les caisses d'épargne ont été créées, y ont la masse de dépôts la moins considérable. Les caisses d'épargne, qui peuvent rendre de si importants services, ont parfois servi l'égoïsme et la spéculation ; les caisses de retenues développeront la charité, ce véritable esprit d'union fraternelle.

§ V. Rapports des caisses de retenues avec l'administration publique.

Si le gouvernement est un tuteur nécessaire, son action néanmoins doit être plus rare qu'on ne l'a vue depuis soixante ans ; elle n'en sera que plus respectée. Souvent on se demande pourquoi des lois très-sages, des règlements d'une haute utilité, des institutions indispensables prennent si peu de puissance et d'accroissement chez nous. La raison en est simple ; cela vient que, depuis soixante ans, nous avons eu treize formes de gouvernement, dont chacun a changé deux ou trois fois de systèmes.

Ainsi, dans notre pays, on est à peu près sûr de rencontrer, tous les deux ou trois ans, un changement d'hommes et de choses. Est-ce là un moyen d'inspirer confiance aux habitants des campagnes ? surtout à eux qui ne changent presque jamais, à eux qui ne connaissent que leur commune, leurs champs et l'habitude du travail, et pour qui l'univers se réduit le plus souvent à ce millier d'hectares qu'ils ont journellement sous les yeux ?

Dans l'esprit de ces populations, le gouvernement, c'est le préfet qui prend les fils pour l'armée, qui retarde trois ans le curage d'une rivière et la réparation d'une église, qui empêche une amélioration réclamée depuis longtemps ; c'est lui encore qui prescrit les corvées et publie les rôles des centimes additionnels. Le gouvernement est celui qui profite de l'argent et qui nomme ces préfets ! Certes ces idées sont fausses, et la méfiance qu'elles contiennent est injuste, mais elles existent. Le mode actuel d'administration entretient cette défiance et la crainte, au lieu d'inspirer la confiance et le respect. Faites donc comprendre aux paysans, si vous le pouvez, qu'une caisse de retraite garantie par le gouvernement tournera à leur profit ! aussitôt le soupçon entrera dans leur esprit. Ayant bonne mémoire pour ce qui touche à leurs intérêts, ils se rappelleront la fraude des assignats, la banqueroute du Trésor, l'impôt de guerre prolongé pendant trente ans de paix, les 45 centimes, l'impôt mobilier et la déprédation récente des caisses d'épargne. Mais dites au contraire à un villageois que la caisse des retenues sera destinée à alimenter son vieux père, qu'elle sera pour lui ce que l'hôtel des Invalides, si populaire en

France, est pour le vieux soldat ; dites à chacun que cette caisse sera gérée par ses propres mandataires, surveillée par lui même, qu'elle n'aura rien de commun avec l'Etat ; que les produits seront employés dans la communauté du village et appartiendront exclusivement à ses associés sans que la commune voisine y puisse prétendre, et vous serez certain que le projet obtiendra sa confiance.

Ces dernières observations peuvent paraître s'opposer à l'application du projet qui ne pourrait être adopté généralement qu'en partant du gouvernement. Oui ! nous convenons que si l'institution des caisses de retenues était une obligation imposée par la loi, on n'obtiendrait que de la résistance. Mais il faut que l'impulsion partie du centre ne soit qu'une autorisation d'agir et que le mouvement de chaque association soit facultatif.

Sous notre législation, il est certain que les conseils municipaux et cantonaux (aujourd'hui d'arrondissement) ne peuvent délibérer que sur des sujets dans la forme prévue par la loi et sous l'autorisation du gouvernement. En second lieu, les caisses des receveurs de l'Etat ne peuvent s'ouvrir à des entreprises qui ne sont pas approuvées par l'Etat, de même que ces fonctionnaires ne peuvent être agents des communes que dans le cercle des attributions qui leur sont conférées. Il faut donc obtenir l'autorisation du gouvernement pour user du concours de ses agents, concours qui se réduira à la disposition d'un compte courant dans les caisses de l'Etat, le seul rapport que les caisses rurales auront à réclamer de l'administration publique.

Le projet, afin de présenter un caractère d'autorité et une base uniforme, devra être dressé par l'Assemblée législative, l'élue de la nation. Toutefois cette assemblée ne saurait entrer dans le détail des règles à indiquer, des formes à suivre et des avantages à obtenir. Le corps constitué qui offre le plus de garanties, puisqu'il est élu par l'Assemblée et qu'il est indépendant de l'arbitraire ministériel, le conseil d'Etat serait chargé de tracer les instructions théoriques et pratiques, et, plus tard, d'être l'arbitre suprême des différends qui s'élèveraient sur cette matière. Ainsi, ni les ministres ni les préfets n'auraient à s'immiscer dans la gestion des caisses de retenues.

La loi, faite pour poser le principe des caisses de retenues, autoriserait les conseils municipaux et cantonaux à agir, et permettrait aux caisses publiques d'être dépositaires des retenues annuelles. Si des difficultés s'élevaient dans l'administration des caisses rurales, une autorité doit nécessairement les résoudre. Nous proposons d'en attribuer le jugement aux conseils cantonaux. S'il s'agit de plaintes contre les agents du fisc, elles seront jugées par les conseils de préfecture en ce qui concerne les percepteurs ; par le conseil d'Etat, en ce qui concerne les receveurs généraux, sauf le renvoi devant les tribunaux ordinaires pour les actes de leur compétence.

Ainsi l'on n'emprunte à l'Etat aucun des degrés de cette machine administrative, si lente et si méticuleuse.

Les frais seront nuls ou à peu près ; le gouvernement sera dégagé de toute responsabilité, et les associations seront à l'abri de toutes entraves pour conserver à leur marche rapidité et économie.

§ VI. Avantages du projet pour la propriété et pour le crédit public.

Depuis trente ans, tous les métiers, tous les arts ont fait des progrès ; malgré les sociétés d'agriculture, malgré les fermes-modèles et malgré les brevets d'inventions d'instruments aratoires, la culture des terres n'a pas pris partout un développement en rapport avec les autres progrès. La richesse publique s'en est ressentie à ce point que les capitaux, abandonnant le sol, sont allés chercher l'industrie manufacturière et les spéculations financières. Cela tient au désir de chacun d'augmenter rapidement sa fortune et à l'éloignement de quelques gens aisés pour l'agriculture. Il ne faut pas se le dissimuler pourtant, le revenu commercial n'est jamais que transitoire, le fonds sur lequel il repose est factice, tandis que le revenu agricole est réel et perpétuel comme le fonds terrien. Y être indifférent, est s'appauvrir ; le négliger, en France, c'est se ruiner; c'est ruiner soi, sa famille et le pays ! c'est compromettre notre avenir, parce que la France est surtout agricole. Ainsi, le propriétaire est, en général, indifférent au progrès de sa culture, et l'ouvrier lui-même est négligent ; l'ouvrier rural travaille au jour le jour, il vit pauvrement, sans s'inquiéter de la bonne façon ou du produit de la terre, puis il meurt dans la détresse.

Il faut le rattacher, l'intéresser à la terre qu'il cultive ; et alors l'homme y gagnera et la culture s'améliorera. Choisissons un exemple entre mille ; soit le vigneron, par exemple. Quel travailleur est plus digne de notre intérêt ! Neuf départements seulement n'ont pas de vignes, tandis que les deux tiers du sol de la France en font une de leurs principales occupations, et que la Gironde, l'Hérault, la Dordogne, la Côte-d'Or, la Charente-Inférieure, Saône-et-Loire en font presque leur unique culture ! L'ouvrier qui travaille aujourd'hui à la vigne, suit une routine bonne ou mauvaise ; que la vigne soit bien ou mal cultivée, peu lui importe ! on paye son temps ou sa façon, et puis le produit arrive... s'il fait beau temps !!

L'ouvrier est donc là une espèce de machine, tandis que le maître, la plupart du temps, paye avec ou sans profit. Mais si celui-ci, par exemple, en livrant son champ à l'ouvrier, lui promettait (même par contrat) un accroissement de salaire en raison de l'accroissement ou de l'amélioration du produit ; si, comme prime, il lui promettait de placer annuellement ou à terme, au bout des cinq années consacrées à la culture d'un jeune plan, de placer, disons-nous, cette prime en tout ou en partie à la caisse des retenues ; croit-on que l'ouvrier n'apporterait pas tout son zèle à la culture, que ce champ ne deviendrait pas l'objet de son affection ? Alors le propriétaire ne serait plus pour lui le maître qui paye, mais le père qui prévoit. L'avantage serait donc pour l'ouvrier qui améliorerait sa position et se préparerait ainsi une retraite pour ses vieux jours ; pour le maître dont les vins seraient plus abondants ou meilleurs ; pour la richesse publique que les produits vinicoles viendraient soutenir ou accroître.

Ce que nous disons pour le vigneron s'applique également à tous les ouvriers ruraux, dans tous les modes de culture et selon les différents usages de chaque contrée.

Nous insisterions pour que tous les placements de retenues fussent faits sur le grand-livre de la dette publique. En effet, la dette publique est une charge nationale qui, malheureusement, aux yeux des habitants des campagnes, ne semble être que le profit de certains privilégiés. Les 292 millions des quatre contributions directes sont établis, leur dit-on, pour faire face aux 294 millions de la dette inscrite. Pour beaucoup, le rentier est un oisif au profit de qui les autres travaillent. Ces idées, propagées avec art, ont fait pendant quelque temps la fortune du saint-simonisme et elles défrayent encore les élucubrations du communisme.

Comme en pratique la rente n'est pas prochainement remboursable, il faut la populariser ; et quel but plus populaire peut-elle obtenir, que celui d'assurer les ressources de l'ouvrier pendant ses vieux jours ? Que nos 38,000 caisses rurales possèdent un jour sur le grand-livre de la dette inscrite 3,000 francs de rentes seulement ; il y aura 115 millions de francs, plus du tiers de la dette, dont l'ouvrier des campagnes se trouvera titulaire et à la conservation desquels il sera intéressé. Dans une semblable position, vous obtiendrez que la rente tournera au profit du pauvre ; qu'elle ne lui arrivera pas comme une aumône, mais par ses propres efforts ; vous l'intéresserez directement au maintien de l'ordre et à la conservation du crédit de l'Etat. Les révolutionnaires qui menaceraient la société trouveraient de redoutables adversaires dans cette masse nouvelle de petits rentiers, tous intéressés à la prospérité du crédit public popularisé dans les campagnes.

Nous croyons donc aux avantages féconds et certains des caisses de retenues rurales. Elles feront aimer le sol à l'ouvrier sans l'attacher à la glèbe. Elles l'intéresseront à l'amélioration de la culture ; elles porteront le propriétaire à patronner cette caisse, lien nouveau entre lui et l'ouvrier ; lien qui servira à détruire cette tendance artificielle d'antagonisme que nos utopistes du jour ont cherché à exciter entre le capital et le travail, entre le patron et l'ouvrier, entre le propriétaire et le prolétaire ; expressions sauvages et sans droits de cité dans notre antique et généreuse patrie. De plus, cette œuvre popularisera la rente, elle rattachera au crédit public une foule de gens qui y sont indifférents, et elle donnera à la propriété une masse de défenseurs que les factions ne sauraient diviser.

Il ne faut pas se le dissimuler, c'est surtout par l'assistance des propriétaires aisés que ces caisses se formeront. C'est à eux de donner l'exemple en étant généreux. Il y a pour eux non-seulement du désintéressement à le faire, mais peut-être aussi une obligation de sécurité et d'avenir. Quand jadis le château abritait les chaumières, il servait d'asile aux vieux serviteurs qui y passaient leurs dernières années sans inquiétudes et dans l'abondance. Soixante années de révolution sont passées ; les asiles ont été rasés, et la philanthropie n'a su présenter aux paysans, en échange, que la pauvreté perpétuelle à la campagne, ou dans les villes des ateliers corrupteurs, une instruction sans moralité, l'émeute et la révolte pour dernière raison.

Et quel homme est plus digne de l'attention du législateur que l'ouvrier des campagnes ? travaillant toujours en plein air, et près des deux tiers de la journée pendant une partie de l'année ; mal vêtu, nourri grossièrement, goûtant à peine au froment qu'il féconde de ses sueurs. Privé heureusement des jouissances suspectes des villes, il n'a cependant pas à sa disposition un bureau de bienfaisance pour le soulager dans l'arrière-saison, un hôpital pour le soigner dans ses maladies, des sœurs de charité pour panser ses blessures, des asiles, des crèches pour ses enfants, un hospice pour sa vieillesse.

Étonnez-vous donc qu'en présence d'un tel malaise, le socialisme puisse se glisser à quelques foyers des communes rurales de certains départements ? on y entend parler des ressources des villes, du haut salaire de l'ouvrier industriel, d'une nourriture plus délicate, et naturellement on maudit sa charrue et l'on veut essayer d'arriver à ces jouissances matérielles et factices. De là les progrès de la convoitise, cette mère du communisme.

Rattacher l'ouvrier au sol, c'est prévenir un mal préjudiciable à la société, son émigration dans les villes. Une sage économie le conseille, une politique rationnelle en fait un devoir dont le christianisme rend l'obligation plus étroite !

PROJET RÉGLEMENTAIRE

POUR

LA CRÉATION DES CAISSES RURALES DE RETENUES MUTUELLES.

———

ARTICLE PREMIER.

Les associations privées ayant pour but de former dans les *communes rurales des caisses libres de retenues mutuelles* au profit des ouvriers que leur âge ou leurs infirmités mettent hors d'état de travailler, sont autorisées.

ART. 2.

Les maires réunissent le conseil municipal à l'effet de provoquer les associations de retenues.

ART. 3.

L'association étant formée, les décisions du conseil seront prises de concert avec un nombre d'associés tirés au sort annuellement et égal à la moitié des membres du conseil.

ART. 4.

La caisse est spéciale à l'association libre des ou-

vriers souscripteurs appartenant à la commune. Elle
ne peut être confondue avec la caisse municipale ni
avec d'autres caisses d'associations rurales.

Art. 5.

Le conseil, formé ainsi qu'il a été dit art. 3, gère
les intérêts de l'association et prend le nom de conseil
de gérance. Il délibère chaque année sur le placement
des retenues et sur leurs fixations. Lorsque la dotation
est suffisante, il détermine la quotité des répartitions
et l'admission des pensionnaires.

Art. 6.

Le maire personnellement, la minorité du conseil
de gérance, tous et chacun des associés ont le droit de
réclamer contre les décisions du conseil de gérance.
Ces réclamations ne peuvent porter que sur le placement ou le retrait de la dotation en tout ou en partie.

Art. 7.

L'arbitre, en cas de réclamation, est le conseil can-
tonal (aujourd'hui d'arrondissement) ; sa décision est
souveraine.

Art. 8.

Le conseil de gérance désigne les collecteurs pris
parmi les associés et fait verser les fonds dans la caisse
du percepteur qui les transmet au receveur général.

Art. 9.

Toute réclamation contre le percepteur est adressée par le conseil de gérance au conseil de préfecture qui juge en dernier ressort. Les réclamations contre le receveur général sont du ressort du conseil d'Etat.

Art. 10.

Une instruction du conseil d'Etat indiquera les avantages des associations des caisses rurales, leur forme, leur but et leur mode de procéder. Le conseil d'Etat dressera également les règlements relatifs aux comptables publics. Ces instructions et règlements seront insérés au *Bulletin des Lois*.

TABLE

DES MATIÈRES.

—

Paris. — Typ. Schneider, rue d'Erfurth, 1.

www.ingramcontent.com/pod-product-compliance
Lightning Source LLC
Chambersburg PA
CBHW061707050726
47598CB00004B/1739